SOMBRA EN PLATA
SHADOW IN SILVER

SOMBRA EN PLATA
SHADOW IN SILVER

OLIVIA MACIEL

A Bilingual Edition
Translated by Kelly Austin

SWAN ISLE PRESS
LA ISLA DEL CISNE EDICIONES
CHICAGO

Swan Isle Press, Chicago, 60640-8790
La Isla del Cisne Ediciones

Library of Congress Cataloging-in-Publication Data
    Sombra en plata=Shadow in Silver / Olivia Maciel;
    translated by Kelly Austin.
    —Bilingual ed.
    p.cm.
    ISBN 0-9748881-1-7 (alk.paper)
    I. Title: Shadow in Silver. II. Austin, Kelly. III. Title.
PQ7298.23.A258S6613 2005
861'.7—dc22   2005051638

The publication of this book is made possible in part by a generous grant from the
Illinois Arts Council, a State of Illinois agency.

A
Peregrini, Tesuoro, y Gracián

Contenido

Contents

Je est un autre
—Arthur Rimbaud

SOMBRA EN PLATA

SHADOW IN SILVER

Misterio de las estaciones

Nadie sabe cómo la primavera llega.
Si se deshiela el témpano poco a poquito,
o si se resquebraja sórdido
en homenaje a su preciado silencio.

Nadie sabe cómo el viento de marzo se torna en
brisa serena.
Nadie sabe si hay granos de sal
en el panal que las abejas construyen
junto al mar
o sólo néctar olvidado
hace mil años.

Nadie sabe cómo de repente
los capullos de azahar se transforman
en delicadas mariposas blancas
ni nadie sabe que bajo el hielo que se resquebraja
fluye un río negro de nardos, jazmines y azucenas
una luz muy blanca.

Mystery of Seasons

No one knows how spring comes.
If the floe melts little by little
or if it makes a dull crack
in honor of its prized silence.

No one knows how March winds become
gentle breezes.
No one knows if there are salt grains
in the honeycomb the bees make
near the sea
or just nectar forgotten
 a thousand and one years ago.

No one knows how suddenly
the orange tree buds
into fragile white butterflies
and no one knows that under the ice cracks
flows a black tuberose, jasmine and lily river
a very white light.

Déjame ir

Con ternura en los pies
y en las entrañas

con lirios en las sienes
y vuelo azul en la mirada

y una luna cremosa
haciendo caravanas

Let Me Go

With tender feet
and insides

with lilies on my mind
and blue flight in my eyes

and a creamy moon
forming caravans.

La luciérnaga

Con mejilla bermeja
y transparentes alas,
al crepúsculo abre
sus patas de hilo fino
la luciérnaga.

Su minúsculo vientre
de luz tornasolada
titila y apaga
titila y prende

A la paloma parda escapa,
al pajarillo prieto da esperanza

En la húmeda noche
de ciruelos perfumada
persigue el origen de la dulce llamada

Firefly

With crimson cheeks
and transparent wings,
the firefly
unfolds its fine spun legs
in the twilight.

Its tiny belly
of iridescent light
twinkles and goes out
twinkles and goes on

It flees the dark dove,
the tiny black bird of hope

In the sultry night
of scented plum trees
seeking the origin of its sweet call

Presencia

I

Aquí en la madrugada insomne
un tris

olvidé el reloj.

El calambre se extiende...

II

A mí me corresponde enredar el hilo en el carrete,
cuando Cronos, con Afrodita se tiende.

Parezco forma evanescente, presencia blanquecina en mi sueño.

Yo ya no soy yo, ni mi espejo es ya mi espejo,
el ángel pliega sus alas, yace junto a mí un gran silencio...

Presence

I

Here in the insomniac dawn
in close

I lost track of time.

The stitch spreads...

II

It's up to me to wind the thread on the spool,
while Kronos lies with Aphrodite.

I'm like an evanescent form, a whitish presence in my dream.

No longer myself, my mirror no longer my mirror,
   the angel unfolds its wings, a great silence lies next to me...

Harina de flor negra

Rechinan las bisagras de la puerta.

Su vientre elástico, la piel lozana de sus piernas,
Sábanas deshechas, presagio de mañanas laxas.

la yema de sus dedos, solícitos ensartan,
En la madera del huso, tuercen hebra de matizada lana.

desearía poseer aún, brazos fuertes,

acariciar sus desnudas piernas,

antes de que perdieran su tibieza,

con la fina transparencia de la seda.

Desearía junto a mi lecho, una guirnalda de olivo y limones,

y una manzana de oro puro para recordar

desde el lugar más oscuro,

el aroma del hogar, el místico aureo de los atardeceres.

Rechinan las bisagras de la puerta.

El febril dobladillo roza la pantorrilla de músculo insomne,

y a mí se me escurren los segundos negros,

cual arena negra, cual negro ajonjolí.

¡Qué perfección la combinación poligónica

inscrita en la cáscara de la piña!

¡Qué perfección el enjambrado centro del girasol!

¡Qué arrobamiento el de Ramanuyan

inventando combinaciones númericas,

bebiendo del sueño de la musa!

¡Qué harina de flor negra en la vasija de Alto Adage!

¡Qué flor de ovario adherido, y libre,

Black Flower Flour

The door hinges squeak.
>*Her supple stomach, the taught skin of her legs,*

Sheets strewn, foretelling lazy mornings,
>*her fingertips carefully thread,*

On the spindle's spool, twist strands of colored wool
>*she still longs for strong arms,*
>
>*caressing her bare thighs, before they lose their warmth,*
>
>*with the fine transparence of silk.*
>
>*I'd long beside my bed, an olive branch and lemons,*
>
>*and a solid gold apple to remember from pitch black places,*
>
>*scents of home, the mystic gold of twilight.*

The door hinges squeak.
>*The fevered hem brushes the strong sleepless calf*
>
>*and the black seconds slip away from me,*
>
>*like black sand, like black sesame.*
>
>*How perfect the polygonal combination*
>
>*written on pineapple skin!*
>
>*How perfect the sunflower's swarmed center!*
>
>*How delighted, Ramanuyan*
>
>*inventing numeric combinations,*
>
>*drinking the muse's dream!*
>
>*What black flower flour in Alto Adage's urn!*
>
>*What ovarian flower attached, and free,*
>
>*dissolved the blessed purpled,*
>
>*Paradise's most beautiful breeze!*

disuelto el bendito púrpura,
hermosísima brisa del Paraíso!
Rechinan su cántico de ancianas plañideras,
las bisagras enmohecidas de la puerta.
Suave humedad, caricia de la tierra,
asciende Pérsefone,
luciendo alumbrado narciso, preclara gloria.

The rusty door hinges
squeak their old mourner's canticle.
Soft moisture, earth's caress,
Persephone ascends,
lighting illuminated narcissus, eminent glory.

Primero fue azul tenue

Primero fue azul tenue
luego figura evanescente
después pagoda.

Más tarde adquirió la suavidad
de una areola, pezón de pera,
pequeña cima de volcán.

Fue hoja de crustáceo translúcido,
última ola.

Era azul lloroso
un todo cielo mar
un último suspiro.

En mi abrazo no hubo cosa
que no fuera de
cristal, madera o tierra olorosa.

First It Was Pale Blue

First it was pale blue
then evanescent forms
next a pagoda.

Later it attained the smoothness
of an areola, a pear's teat,
a volcano's petite peak.

It was a translucent crustacean's sheet,
a last wave.

It was mourning blue
an all sky sea
a last sigh.

In my embrace there wasn't anything
that wasn't
glass, wood or fragrant earth.

Vienes vestida de azules

Vienes vestida de azules Maité,
olvidando tres locuras,
y con las que te quedan recordando otras tres
cátaros, masones, y rosacruces.

¿Qué te inventas Maité
trás tus grandes ojos azules?
¿Qué iluminaciones sueñas?

Había iluminados que se ayudaban entre sí
sin que ninguna religión se los pidiera

You Come Dressed in Blue

You come dressed in blue Maité,
forget three manias,
and with what you have left remember three more
Cathars, Masons, and Rosicrucians.

What do you make up Maité
behind your big blue eyes?
What flashes of inspiration do you dream?

There were visionaries who helped
without any religion asking them

De viento y perlas

Viene vestida de viento y perlas
y si de noche su rostro cubriera,
la luna casta,
un beso de virgen lino
a sus pies rindiera

In Wind and Pearls

She comes dressed in wind and pearls
and if she covered her face at night,
the chaste moon,
virgin linen's kiss,
would worship at her feet.

Naranjas y latín

Naranjas valencianas rodando
por el empinado verde.

Naranjas airosas
recién desgajadas
por el sortilegio y por la luz
para el consuelo y para el desencanto.

Naranjas descuidadas y jugosas
pegajosas en los labios de la infancia,
atrevidas en el juego de los atardeceres.

Naranjas apiladas en las bodegas de La Merced,
perfumando la podredumbre
de la calle sucia de Roldán
¡a sol y mar!

Naranjas frescas para alentar la sed
de prisa muy temprano hacia el colegio,
naranjas resinosas
emanando hambre y miel.

Naranjas por Virgilio,
para el consuelo del niño,
para las tías y para el ombligo.

Naranjas rodando, rondando
por el empinado verde
y por las calles del Parián.

Oranges and Latin

Valencian oranges rolling down
the steep green.

Graceful oranges
just broken
by spell and by light
to comfort and to disenchant.

Careless and juicy oranges
sticky on children's lips
daring in afternoon games.

Oranges piled in the Merced markets
perfuming the rottenness
of Roldán's dirty street
to sun and sea!

Fresh oranges to quench your thirst
rushing so early on the way to school
resinous oranges
exuding hunger and honey.

Oranges by Virgil,
to comfort children
aunts and navels.

Oranges rolling, rolling down
the steep green
and through the streets of Parián.

El sacrificio en la ortodoxia de las religiones

Enmedio de mullida
nube algodonosa
habita la visión barroca
de un ojo—izquierdo.

Sin que en nada afecte
al máximo exponente,
la cabeza canosa del lingüista,
filósoficamente se inclina
—hacia la izquierda.

Una joven de tez lozana
bebe chocolate y se imagina
las barcazas en el río Sena,
mientras que los *discussants*
disertan.

Sacrifice in the Orthodoxy of Religions

In the middle of a fluffy
cotton cloud
dwells the baroque vision
of an eye—left.

Without at all affecting
the greatest exponent,
the grey-haired linguist,
leans philosophically
—toward the left.

A fresh faced girl
drinks cocoa and imagines
the riverboats on the Seine,
while *discussants*
       discourse.

Qué es la *libertad*...

el limón henchido,
la sombra interrumpida
por el metal de la cuchara,

el roto desbordamiento del gozo,
la noche oscura del alarido,
un fuego anónimo en la calle,
unas renegridas migas de pan...

What is *Liberty?*

The plump lemon,
the spoon's metal
cuts off the shadow,

the bursting overflow of pleasure,
the dark night of the shriek,
a nameless fire in the street,
some blackened breadcrumbs...

Concha marina

Dentro de mí había
un río, un juego de cascabeles
un tintinear de vidritos resquebrajados

graciosa por tí,
gracias por mí
decía al azar

como allá en el manantial o en el pedregal
o en el norte recio
donde maduran limones raros...

Anoche probé una castaña amarga
quizá las heladas estrellas se compadezcan
de esta señora que a ellas clama.

¡Alcancen ojos cielos y mares!
¡Alcancen manos peces de plata!
¡Alcancen labios lluvia fina de filigrana!

La nieve con su blancura de lino llama.

En su ardor frío calcina
llama de llama
hielo sin invierno
puerta sin aljama.

Seashell

Inside of me were
a river, bells ringing
bits of broken glass clinking

amusing for you,
thanks for me
I said randomly

like in the spring or on the stony ground
or in the harsh north
where strange lemons ripen...

Last night I tried a bitter chestnut
maybe the cold stars feel sorry for
this woman who calls them.

Eyes, find the heavens and the seas!
Hands, find the silver fish!
Lips, find the watermark's fine rain!

The snow's linen whiteness calls.

In its cold ardor calcines
flame of fire
ice without winter
door without frame

¡Ay! la vuelta al sol negro
es cilicio que desgasta.

A la niña esclava de la aceituna agria
que los ladrones asedian
no la han de secuestrar
por más días que bajo sus sus olanes envuelvan

¿Quién se compromete, quién?

Afuera el blanco esparce escarcha
y dentro huele a rancio alquitrán.

¡Rama de abedul, rama de álamo, rama de sauce!
¿Dónde esconderse?

He de hacer un viaje breve
adonde las alegorías libren sus encuentros llanos y perezosos.

Alas de aves blancas
en vuelo liso y sereno,

que le valga a la niña,
reposo libre de rumores
el aire de la montaña
el esfuerzo de la escalada.

the return to the black sun
is a hair shirt wearing out!

The bitter olive slave girl
who the thieves surrounded
must not be taken
for more days than make up the layers of her skirt

Who promises? Who?

Outside the target frost spreads
and inside it smells like ancient tar.

Birch branch, poplar branch, willow branch!
Where are you hiding?

I must take a brief trip
to where allegories deliver their wide and lazy meetings.

White bird wings
in smooth, calm flight,

let the girl have
rest from rumors
mountain air
the exertion of the climb.

¡Ah! dejarnos ir hacia la cima
hacia la oscuridad sabrosa
en la que el gusto en los labios
es sabroso jugo de granada.

Ir hacia la cima
en la que las manos se entrelazan
y los vientres se encienden
con el revoloteo de mariposas doradas,

donde la concha marina
en el resquicio de la ventana
es una casita perforada de orificios
aguardando la alborada.

Let us go to the peak!
to the delicious darkness
where the taste on our lips
is delicious pomegranate juice.

Go to the peak
where our hands link
and our bellies burn
with the flutter of golden butterflies,

where the seashell
on the window ledge
is a little house bored with gaps
waiting for dawn.

Hoja de laurel

Escaramuzas, arena, a través del cristal
un ovillo—carencia,
caricia, pétalo albo.

Las partes ensimismadas sobre sí
sazonándose en ese algo...
ennui amarillento

El oído se abre—una palabra se aproxima;
la llaman signo, símbolo, significado, y
¿es silencio? Si dice algo.

Dice, como el dado del azar
levemente aperlado,
entre el paréntesis futurista
y el nuevo canto,
agonía.

Resbaladizo el camino,
someras las asunciones.

De mañana era el esguince izquierdo,
el nada sustancial de las pausas
el hundido profundo en las aguas.

Nueva manera de hilvanar el pensamiento
de arreglar el cartón o desarreglarlo.
La mirada anegada en un color ceniciento
el paladar en rábano quemado.

Laurel Leaf

Skirmishes, sand, through the window
a ball of yarn—lack,
caress, white petal.

Parts wrapped up in themselves
seasoning in that something...
yellowish ennui

The ear opens—a word comes closer;
they call it sign, symbol, signified, and
is it silence? If it says something.

It says, like a rolling die
lightly pearlized,
between the futurist parenthesis
and the new song,
agony.

Delicate journey,
shallow assumptions.

In the morning was the left strain,
the substantive nothingness of the breaks
the water's sunken depth

A new way to piece together thought
to fix cardboard or mess it up.
The look flooded in ashen color
the palate in burnt radish.

Engrapada la imaginación
a un ser que era
evanescente elevación,
intento de desprender...
desprender.

La sábana blanca era una gran extensión
un país desierto.
La fotografía en blanco y negro
sólo un *souvenir* de aquel momento:
el rebozo enrollado,
dos adolescentes en sus vestidos floreados;
lacio pelo negro asegurado con clips metálicos,
filigrana de encaje blanco
sobre el pecho.

Los rasguños de la mesa
hacen guiños,
llaman hacia su lisa superficie,

¡ah, limpieza purísima de un mosáico blanco!
¡brillantez de un destello metálico
diligencia y devoción del escarabajo!

Resplandor cristalino del envase
custodia de la la hoja de laurel.

Imagination stapled
to a being that was
evanescent elevation,
an attempt to unfasten...
unfasten.

The white sheet was a great expanse
a deserted country.
The black and white photograph
just a *souvenir* of that moment:
the wrap rolled,
two adolescents in their flowered dresses;
straight black hair tied with metal clips,
white lace filigree
on their chests.

The scratches on the table
wink,
call on its smooth surface,

ah, the clean purity of a white mosaic!
the brilliance of a metallic flash!
the diligence and devotion of the beetle!

The radiance of the glass container
that guards the laurel leaf.

Seca la garganta

I

Harta de hablar
seca la garganta

tanta gente y tanta postura
y baile adicional

y el *curriculum vitae*,
burbujas de aire que se escapan

y el más grande poeta de España
verde que te quiero verde
y *Fervor de Buenos aires,*
y la maga ya se fué

y todo es cuestión de tiempo
y las palabras que se dicen son las que bailan
y hoy el sol loco igual se desgarganta.

Igual dá buscar puesto que no buscarlo
y desde ahora libres los domingos por la mañana
y libres las blancas mañanas de junio

y libre el blanco silencio de los inviernos
en los que se disuelve el pensamiento.
¿Qué palabras ofrecer al recién jubilado?

Weary Voice

I

Sick of talking
weary voice

so many people and so much extra
posturing and dancing

and the *curriculum vitae,*
air bubbles that break loose

and the best Spanish poet
verde que te quiero verde
and *Fervor de Buenos Aires,*
and la maga ya se fué

and it's all a matter of time
and they say words dance
and today the crazy sun lets loose all the same.

It's all the same to look for a job or not
and from now on I'm free on Sunday mornings
and free on white June mornings

and free for the winter white silence
where thought melts away.
What words are there for the recently retired?

El pichón como siempre se pasea despreocupado
lanzando sus picotazos
a las baldosas del empedrado.

Junto al tambo de basura siempre huele
y las moscas se pasean por ahí
cínicamente honestas.

Por fin encuentro
al asoleado, un asiento
junto al moteado de la estatua.

Clave de sol
viento lirio
alta compañía de la gran marisma.

En las uñas
granos de arena atravesados
en los ojos palabras
cerebros embotados.

II

Redoblan las campanas
como si creciera hilo entre sus dientes,
las hormigas divagan transparentes.
¿Habría algún veneno
en el vino negro de la Umbría?

As always the young pigeon steps carelessly
pecking
at the tile paving.

It always stinks near the garbage
and the flies flit around
cynically honest.

At last I find
a sunny spot, a seat
near the speckled statue.

Treble clef
lily wind
good company in a fine morass.

Bits of sand stuck
under my nails
mind-numbing
words in my eyes.

II

The bells ring again
as if a thread grew between their teeth,
the transparent ants digress.
Was there some poison
in the black wine from Umbria?

Los clavos enmohecidos y rústicos
se clavan en la entraña
pié despedazado
el peón de las campanas.

Recién brotan las carcajadas
asciende la bilis
en su amarga boca agria.

Vibra y pierde el sello
la señora de la mañana.

Hundirse e impregnarse
en la harina negra
¡Circe!
la del anzuelo de viento y caña
Circe nuera de hierba amarga.

Resquebraja la mañana
enfebrecida
los diáfanos encajes de alelíes, de conchas

hasta aquí llega por arte de magia
la pluma de la paloma sabia.

The rusty and rustic nails
are nailed in the heart
shattered foot
the peon of the bells.

The laughs newly sprout
the bile surges
in his bitter, sour mouth.

The lady of the morning
shakes and loses the stamp.

Sink and inseminate
in the black flour
Circe!
lady of the wind's fishhook and rod
Circe, bitter herb's daughter-in-law.

The morning cracks
frenzied
the diaphanous laces of wallflowers, of seashells

until it arrives here through magic arts
the wise dove's pen.

III

Perdida entre tantas y tan variadas horas
de la azulada estancia
la niña matiza de rosa
el aliento de la tarde;
muere el suspiro del viento
en el tañir de campanas.

Ojos espiralados del papel:
delicia encalada de rojos convulsivos, negros, y refulgentes
delicia enarbolada de horas rasas
que dejan los huesos sin carne y las canas desganadas.

Temblor de los orificios,
escalofrío de los poros
estallar laqueado en oro
de los vasos capilares.

Ojos que no me miran:
caída y ascenso en el centro de las aguas
desbordamiento fluvial de diamantes escarchados
helada simiente negra y cristalina.

Ojos que me acaban:
polvo polvo polvo.

III

Lost among so many and distinct hours
on the bluish farm
the girl draws a rose
in the afternoon's breath;
and the wind's sigh dies
with the ringing bells.

The paper's spiraled eyes:
whitewash delight of convulsive reds, blacks, and splendors
flat hours' hoisted delight
that leave bare bones and unearned gray hairs.

Trembling openings,
shuddering pores
explode varnished in gold
from capillary vessels.

Eyes that won't look at me:
fall and ascent in the middle of the water
overflowing river of frosted diamonds
frozen black crystalline seed.

Eyes that finish me:
dust dust dust.

En el río de su pecho...

Los peces en el río de su pecho
van y vienen al mío
las hojas tornan de verde oscuro
a tono tinto.

En vez de ser tres, son cuatro y catorce
sus besos albos.

In His Heart's River...

The fish in his heart's river
come and go in mine
leaves change from dark green
to reddish hues.

His albino kisses,
instead of three, are four and fourteen.

Radiguet

Seducir a Radiguet
en silencio,
habría podido ser
un beber silencio del silencio

saborear el anillo en el meñique de Cocteau,
perderse en el gran vacío de su ojera

Radiguet

Silently
seducing Radiguet,
might have been
a silent drink of silence

savoring the ring on Cocteau's pinkie,
to lose oneself in the great void of his eye's dark circle

Ars combinatoria

Gardel, Guillot, un fado,
parpadeantes lucecitas
del Teatro Aragón

por las veintiocho
mansiones de la luna
las musas se pasean

...aleaciones, velos,
combinaciones...

Ars Combinatoria

Gardel, Guillot, a fado,
flickering little lights
from the Aragon Theater

the muses walk
through the twenty-eight
houses of the moon

...alloys, veils,
compounds...

Acantilado

Eres un tremendo acantilado,
filosa protuberancia de granito
del tamaño de la tierra
que pinchas mi pecho
lacerándome la piel,
y no sabes dónde terminan tus límites
y no sé dónde delimitas tus bordes, noche.

Cliff

You are a massive cliff,
a sharp granite protuberance
the size of the earth
that pricks my heart
and cuts my skin,
and you don't know where you end
and, night, I don't know where to draw your borders.

En Cempoala

Mientras en solitario paseo
la brisa discurría con la manzanilla,
nosotros abríamos los labios al viento de la cima.

Nos adentrábamos en el vasto silencio
de musgo, adormidera, y avellana
al tiempo que un hilillo de sangre derramaba,
por los afilados peldaños de la pirámide de Cempoala.

Y sobre el azul soleado de los montes
reberveraba un eco de inocente risa infantil,
el suave canto de los saltamontes,
mientras nosotros nos nutríamos de miel negra tropical,
del hostigante jugo de piña madura .

In Cempoala

While in solitary walk
the breeze mused with the chamomile,
we opened our lips to the peak's wind.

We went inside the vast silence
of moss, poppies, and hazelnut
at the same time as a thread of blood trickled,
down the Cempoala pyramid's steep stairs.

And the mountain's sunny blue echoed
an innocent child's laugh,
the soft grasshopper song,
while we fed ourselves on black, tropical honey,
from the sickly-sweet juice of a ripe pineapple.

La reja del arado

No sé que otra razón haya para su forma
que no sea la de surcar la tierra de labranza,
y abrirla a la fecunda lluvia de semillas

y no sé que otra razón haya en el porqué de mi ser
más allá que la que ofrece la contienda
con la palabra alada

o mi deseo de imaginar tus manos
en harmonía con tu mente y tu sangre palpitante,
fija la atención, en completar su labor de arar.

The Plow's Plowshare

I don't know any other reason for its form
than to plow the arable land,
and to open it for the fertile rain of seeds

and I don't know any other reason for my being
other than what the struggle offers
with the winged word

or my desire to imagine your hands
in harmony with your mind and your throbbing blood,
attention fixed, contemplating its plowing labor.

Euterpe

Eres tú
envuelta en trocitos de vidrio
quien me visita

evanescentes manos, efímera frente,
tú quien me visita entresueños
quien se ciñe a la palabra,
la reja del arado

Euterpe

You are
covered in little glass pieces
who visits me

evanescent hands, ephemeral forehead,
you who visits me in dreams
who girdles to the word,
the plow's plowshare

Bendiciones para las acacias

Los párpados cerrados de Santa Teresa
languidecen bajo la seductora sonrisa del ángel

el reloj detiene su marcha

incienso bendito de nardo y canela
se esparce por el santuario
así que los hijos depositan susurros
en la oreja de sus más grandes hermanos

las manecillas del reloj marcan las 8:45

como números romanos
un sabio anciano extrae energía
de sus huesos de neón

alegría interior, sabiduría del alma, niños

bendiciones para las acacias
un respirador artificial

cuchicheos, luz
un grupo de campesinos rumbo
al fértil surco

aquella mujer con cántaro en el desnudo
pecho, ¿en qué piensa?

Acacia Blessings

Saint Teresa's closed eyelids
languor under the seductive angel's smile

the clock stops ticking

blessed tuberose and cinnamon incense
wafts through the sanctuary
so that children can place their whispers
in the ears of their biggest brothers

the hands of the clock tick 8:45

like roman numerals
a wise old man extracts energy
from his neon bones

inside happiness, wisdom of the soul, children

acacia blessings
artificial respirator

whisper, light
a group of farm workers on their way
to the fertile furrow

that woman with a pitcher in her naked
breast, what is she thinking about?

dos pájaros recogen ramitas
dos peces juegan

las obras de Sor Juana desde el estante
y las flores de Baudelaire
contemplan en silencio
la apertura del instante

pensamientos, girasoles, y rincones
mudanza enganchada a los ires y venires
del cartón feahaciente

éxtasis sonrosado de Santa Teresa
un árbol de jade, fiel compañero
en su ramaje inmóvil ante el viento

puerta del instante
mirada argenta y confabulada...
¿qué hay más allá de este momento?

el hilo de la palabra
se desenreda hacia su cabo

¿final de mieles y velos?
indumentaria eccéntrica, sombreros raros y negros
los dedos de las manos gráciles,
de catador experto

mieles y velos negros
mirada acariciadora, intensa

two birds gather branches
two fish play

from the shelf Sor Juana's works
and Baudelaire's flowers
silently contemplate
the moment opening

thoughts, sunflowers and corners
hook change to the comings and goings
of irrefutable cardboard

Saint Teresa's rosy rapture
a jade tree, faithful companion
still branches considering the wind

moment's door
silver and plotting look
what's beyond this moment?

the word's thread
unwinds toward its end

the end of honey and veils?
eccentric attire, strange and black hats
the expert wine taster's
graceful fingers

black honey and veils
caressing, intense look

fluye el agua subterránea
bajo la sombra del escritorio
que serena descansa
ladrillo sobre ladrillo
palabra sobre palabra

los arbotantes, los arcos, las amarras se desgastan
la libreta negra persiste en su negrura encalada
en su oscuridad océanica y salada

el ángel dispuesto a clavar la flecha mística
en el pecho de Santa Teresa
restrega sus alas contra los rayos de luz solar

llueve escalofrío de oro en el mármol de los cuerpos

nimbado de blanco roce
con su índice izquierdo
levanta el ángel el velo de Santa Teresa

parte el instante
puertos de todos los mares,
flores amarillas de la India,
flores amarillas de Mixquic y de Pátzcuaro
flores de sal o azúcar

the underground water flows
under the desk's shadow
resting serenely
brick by brick
word by word

flying buttresses, arches, moorings wear down
the black book stays in whitewashed blackness
in its salty and oceanic darkness

the angel ready to pierce the breast
of Saint Teresa with the mystic arrow
rubs its wings on rays of sunlight

a golden shudder rains on the marble bodies

white touch halo
the angel lifts Saint Teresa's veil
with its left index finger

the moment splits
all sea ports,
yellow flowers from India,
yellow flowers from Mixquic and from Pátzcuaro
salt and sugar flowers

bendito instante
de su atadura extrae
gota ambarina, ojo de agua
la resquebrajada cabeza del poeta

blessed moment
amber drop, fount of spring
extracts the poet's split head
from its bond

El salmista

El salmista lee
el enervado del helecho,
la curva de la fronda:

mar profundo
nubecillas onduladas
olitas de oro
deslumbrante azul turquesa
bóveda celeste

The Psalmist

The psalmist reads
the fern's droop
the frond's curve:

deep sea
small wavy clouds
little golden pans
dazzling turquoise blue
azure vault

La escalinata, el arco

Dice la voz:
la escalinata, el arco,
el cielo en el trasfondo
y lo que recuerda al barroco, a la infinitud, a la eternidad...

Dice la voz:
la escalinata, el arco,
la cuadratura, la divinidad...

Dice la voz:
el sabor a unidad en el pastice
de la columna romana junto al neón

Dice la voz:
el milagro en la imaginación hermenéutica
la apertura de la pirámide en el rascacielos

Dice la voz:
encontrad la virtud
en el hoyo de la cerradura,
que se abre otro vacío...

The Staircase, the Arch

The voice says:
the staircase, the arch,
the sky in the background
and all that recalls baroque, limitlessness, eternity...

The voice says:
the staircase, the arch,
the squaring of a circle, divinity...

The voice says:
the taste of unity in pastiche
of the roman column next to neon

The voice says:
the miracle in hermeneutic imagination
the pyramid's opening in the skyscraper

The voice says:
find virtue
in the keyhole,
that opens another void...

Acento circunflejo

Círculo de dieciocho alumnos
de la casita del acento
una *o*, o una *n* escapó

ambigüedad, malentendido
un ratón de celofán se la comió
creyéndola migaja
en el bolsillo se la echô:

Círculo de dieciocho alumnos
el pájaro vuela solo muy solo
levanta el pico hacia el cielo
su cantar sin lloro

Círculo de dieciocho alumnos
bajo la calma ciánea del circunflejo
yace lapizlázuli nada

Circumflex Accent

Circle of eighteen students
from the little house of the accent
an *o*, or an *n* got away

ambiguity, misunderstood
a cellophane mouse ate it
thinking it was a crumb
he put it in his pocket:

Circle of eighteen students
the bird flies alone, all alone
raises his beak to the sky
his song without weeping

Circle of eighteen students
beneath the cyanide calm of the circumflex
lies ink blue nothingness

Oasis

Agazapada en una palmera del oasis
la calandria saborea la dulce carne
de sus dátiles.

El colibrí con su rostro cubierto de polen
eficazmente lo esparce entre las flores.

Los cirios verdes del desierto
flamean bajo el azul del cielo
la semilla de la pitahaya
que vuela al viento.

Un zambullidor malherido
se refugia en la marisma
y en la disecada orilla
la sal negra suspira.

Vapor del volcán,
¿qué secretos guardas
en la oscuridad de tus cuevas?

Cuerpos atravesados por flechas etéreas
pigmentos mimetizados,
maravillas del oasis
impresas en la memoria...

Lagunas de sal y de agua,
espejismos blancos y azules,
cactus y flores brillantes...

Oasis

Crouched in an oasis palm
the calandra lark savors the sweet meat
of its dates.

The hummingbird, with its face covered in pollen,
efficiently spreads it among the flowers.

The desert green candles
flutter under the blue sky
the pitahaya seed
flies on the wind.

An injured diver
finds refuge in the marsh
and on the dessicated shore
the black salt sighs.

Volcano vent,
what secrets do you keep
in your caves' darkness?

Bodies pierced by heavenly arrows
mimetic pigments
oasis marvels
printed on memory...

Salt and water lagoons,
white and blue mirages,
brilliant cacti and flowers...

Palabras, aretes

Desarreglados pares de aretes
sobre el espejo olvidado de un *chiffonier*.

Hormigas inmóviles o danzarinas
desvaneciéndose en la gasa del sueño.

Creaturas alfábeticas del español,
del chino, del persa, del árabe,
del sánscrito, del griego,
contándolo todo
callándolo todo...

Words, Earrings

Mismatched pairs of earrings
on the forgotten mirror of a *chiffonier.*

Dancer ants still
fade in the gauzy dream.

Alphabetic creatures in Spanish,
Chinese, Persian, Arabic,
Sanskrit, Greek,
telling everything
quieting everything...

Calle de Argyle

¡Noche de los delirios,
noche de los estertores!
El desamparado derrama sus babas
sobre el espejo gélido de la banqueta

mientras invisibles y funestos,
otros cabalgan la mármorea estela
de una noche tersa
hacia las primeras luces de la madrugada.

Argyle Street

Wild nights,
death rattle nights!
The lost spill their spittle
on the bench's icy mirror

while others, invisible and terrible,
ride the marble stele
of a smooth night
for dawn's first lights.

Ciudad imaginaria

Aún tomando en cuenta las memorias televisivas que se vuelven
  memoria
de los televidentes, se olvidan los transeúntes
del maíz híbrido llamado Sterling,
y de los cambios climatológicos,
el llamado efecto invernadero sobre el planeta
la extinción de varias especies de salmón y varios otros
seres de la flora y de la fauna.

...Y en una silla de ruedas,
vestida de túnica griega
una anciana
lee muy cuidadosamente cada letra,
le da la bienvenida a los niños que se le acercan,
luego cierra los ojos
serenando su fustigada vista
sus huesos trajinados por el tiempo

Imagined City

Even keeping in mind televised memories that become
   memories
of TV viewers, the non-residents forget
the hybrid corn called Sterling,
climate changes,
the so-called effects of global warming on the planet
the extinction of several salmon species and several other
flora and fauna beings.

...And in a wheelchair
dressed in a Greek tunic
an old woman
carefully reads every letter,
welcomes the approaching children,
then closes her eyes
to soothe her wounded vision
her bones rushed by time

Paloma blanca

Vuela, vuela
ala blanca
vuela,

bajo la tibia axila de tu ala
promete guardar:
molino, vertir, dehesa,
olivo, tahelí, almijar

White Dove

Soar, soar
white wing
soar,

under the cool crux of your wing
promise to keep:
mill, pour, field, olive
tree, baldric, *almijar*

Beso de aire

Limón y cal,
caricia contenida
presencia y ausencia,
tu alma junto a la mía

Air Kiss

Lemon and lime,
contained caress
presence and absence,
your soul with mine

Mariposillas nocturnas, sahumerio

¿Sabías que había cientos de pequeñas
mariposillas nocturnas
agolpadas junto al vidrio de la ventana
para alcanzar un vislumbre de la luz?

Fue el aroma de un perfume raro,
de capullo caído, pegajoso de candor
el que las hizo huír.

En ese mundo de protegidas ruinas,
en ese mundo circular
en el que la gente cuenta
y recuenta las mismas historias,
en ese mundo donde la gente olvidó
que la pared de contención
no sería lo suficientemente masiva para contener
la hinchazón del mar;
en ese mundo donde todos y cada uno
al final huiría en pánico;
aun la vieja vendía
pájaros de plata en filigrana
mientras susurraba...

Las mariposillas nocturnas
diminutas, translúcidas y elegantes
cual semillas de calabaza recién cosechada

Night Moths, Vapor

Did you know there were hundreds of little
night moths
crowded against the window pane
to catch a glimmer of light?

It was the scent of a strange perfume,
from fallen cocoons, sticky sincerity
that made them flee.

In this world of protected ruins,
in this circular world
where people tell
and re-tell the same stories,
in this world where people forgot
that the dyke
wouldn't be massive enough to hold back
the sea swell;
in this world where each and every one
would flee in panic in the end;
even the old lady sold
spun silver birds
while she whispered...

The tiny, translucent and elegant
night moths
like freshly picked pumpkin seeds

se agolpaban en el rincón de esa ventana entreabierta,
aferrándose a la frialdad del vidrio,
ansiosas de luz,
mientras el sahumerio se esparcía por el salón
hasta alcanzar las fosas nasales
de los colegas

que no se reconocían entre sí
pero entrelazando sus dedos,
aguardaban a que las palabras de alguien más
expiara
y explicara
y confiriera
significado a las palabras.

crowded in the corner of that half-open window
clinging to the cold glass,
light eager,
while the vapor filled the room
reaching the nostrils
of colleagues

who didn't recognize each other
but intertwining their fingers,
waited for someone else's words
to atone
and explain
and bestow
meaning to words.

Motif

¿Será una alucinación?
Sorprenden los varios niveles;
como ese poste de luz que parece tan obvio, no existe;
notable es, sin embargo, ese sutil halo blanco
alrededor de la luna oscura

y las finas hebras de algunos cabellos
tentando a la noche

Motif

Could it be an hallucination?
Some layers reveal;
like that street light, seemingly so evident, it doesn't exist;
noteworthy, nevertheless, is that delicate white halo
around the dark moon

and the fine strands of hair
tempting the night.

Sangrado y preclaro

Sus ojos negros como capulines
equivocan,
este día soleado
en que las ramas del árbol
sombrías se mecen.

Dijo una vez *sangrado, y preclaro,*
y mucha arena y mucho sol, otra,
sin saber cómo este barco sin quilla se desliza
por mares adustos.

Y dijo *Sajara*
como quizá habrán dicho
algún día los bere-beres del norte de Africa.

Y dijo y lo dijo
él, que navegaba de joven
entre las Islas Canarias
buscando manzanas de oro
como un Odiseo en las Hespérides.

Bled Dry and Noble

His black eyes like capuline cherries
mistake
this sunny day
when shadowy tree
branches sway.

One time he said *bled dry and noble*
and a lot of sand and sun, another,
without knowing how this boat without a keel glides
through rough seas.

And he said *Sahara*
just how the North African Berbers
might once have said it.

And he said, he said it,
that as a young man he sailed
through the Canary Islands
seeking golden apples
like an Odysseus in the Hesperides.

Miel dulce mareo

Si pudiera saborear
miel de la palma de tus manos,

si pudiera navegar
los mares de las siete islas
junto a tu antojo

es la hora del dulce mareo
la hora del silencio y la imagen fija,
la hora de la mágica enfermedad que teje
insomnio

es el día que adrede arde coruscado
cuando la libélula vuela
solitaria, atolondrada, sedienta...

Honey-sweet Dizziness

If I could taste
honey from the palm of your hand,

if I could sail
the seven islands seas
following your whim

it's sweet dizzy hour
the silent hour and the steady image,
the sick hour of magic that knits
insomnia

it's the deliberately burnt crust day
when the dragonfly flies
alone, confused, thirsty...

A la hora de soñar

Cánticos medicinales de origen exótico, *totus pulchra est Maria*
clara y preclara esencia de la gran nube blanca,
morada celestial,
locura invariable, vuelves,

verde mi citadel,
punto opuesto a mi punto opuesto, vuelves,
otra vez a la hora del silencio
a la hora de soñar
miel en la palma de tus manos.

Upon the Dreaming Hour

Medicinal canticles of exotic origin, *totus pulchra est Maria*
evident and eminent essence of the great white cloud,
celestial dwelling,
constant crazy, you return,

green my citadel,
point opposed to my opposed point, you return,
again to the silent hour
to the hour of dreaming
honey in the palm of your hand.

Souvenir

Tornándose en un pájaro
el niño vuela de lado a lado,
sobre el gran borbotón de agua que se eleva,

el niño remonta hacia no se sabe dónde,
sobre traviesas nubes blancas,
de lado a lado, en diagonal,
barroco entre corrientes de aire.

Ese temblor que sacude,
ese pánico que sobrecoge,
no lo apartan de su atrevimiento
¡alto!, ¡alto!, ¡más alto!

Calle 55, 4:30 p.m. Hyde Park

Souvenir

Turning into a bird,
the child flies here and there,
on the great surge of water that lifts him,

the child swims to who knows where,
on mischievous white clouds
here and there, diagonally,
baroque among the air currents.

This shocking shaking,
this overwhelming panic,
can't dislodge his daring
high! high! higher!

55th Street, 4:30 p.m. Hyde Park

Contextos y cánones

Ayer dalias púrpuras
y rosas silenciosas de orilla morada
y aquel niño que reaparece una y otra vez
con insistencia fotográfica
en teorizada memoria;
sus ficticios brazos
su vientre carbonizado hasta la brillantez,
sus ojos suplicantes y llorosos
en jirones enrevesado el grito:
¡quiero ver a mis hermanos!
¿Dónde Está Mi Madre?
y en sollozos amargos;
vienen a liberarnos dándonos la muerte

¿Qué habrá sido de aquel niño,
fruto del Tigris, de Ur,
te pregunto Gian Carlo Bartolomeu Marini,
habrá hecho la travesía *de algún modo?*

Fruto oscuro del carbón de Mesopotamia,
tallado en las aguas del Tigris y el Eufrates,
niño, niño...

brillo carbonizado y manco

Contexts and Canons

Yesterday purple dahlias
and silent roses with purple borders
and that child who shows up time and again
with photographic constancy
in theorized memory;
his fictive arms
his stomach charred to a shine,
his supplicant and sorrowful eyes
the shredded, involved cry:
I want to see my brothers!
Where Is My Mother?
and in bitter sobs;
they're coming to free us with death

What will come of that boy,
fruit of the Tigris, of Ur,
I ask you Gian Carlo Bartolomeu Marini,
has he somehow *crossed over?*

Mesopotamia's dark, charcoal fruit
crafted in the waters of the Tigris and the Euphrates,
child, child...

charred and maimed shine

Jubilosa errancia

Ojo de gato en la canica
¡azul, amarilla, o roja!
Día de sol y frambuesas frías.
¡Día de delicias!

Niñez en el ojito.

¿Trompos o carambolas?

Revolotea en vértigo el viento
y la cuerda libera a los colores,
que enardecidos de ritmo
como danzantes Sufis,
se abandonan a su suerte giratoria.

El ojito de gato en la canica,
entre el pulgar y el índice del niño,
ahora que el aire huele a polvo férrico
a polvo...

Jubilosa Errancia

Cat's eye in the marble
blue, yellow or red!
Day of sun and cold raspberries.
Day of delights!

Childhood in the little eye.

Tops or caroms?

The wind flutters in vertigo
and the cord frees colors
inflamed with rhythm
like Sufi dancers,
trusting in their revolving luck.

The little cat's eye in the marble,
between the child's index finger and thumb,
now that the air smells like ferric dust
to dust...

Querido Fabio:

Para nosotros, las volutas del tiempo
no disipan ni las partículas de tiza
que se comen las palabras
ni los pichones en la asoleada plaza
picoteando entre los desperdicios.

Sobre el cristal de los aparadores
continuamos apreciando reflejados,
unos inusuales caballitos tallados en ébano,
relumbrantes de besos, abrazos, o galopes,
y siempre impávidos.

¿No sería mejor, *serenissimo maestro*,
para nosotros asiduos practicantes de la visión imaginada
permanecer así, mudos, congelados, inermes?

Pero querido Fabio,
te propongo aceptes de una vez,
que eres los otros
que el pulso rechina
y la flor persiste en su belleza oxidada.

Recuerda Fabio que fuiste tú el que sugirió
paseáramos por las callecitas funestas del barrio chino,
que fuiste tú aquel con el que sostuve largas conversaciones
sobre ¿el significado del poder en las revoluciones?

Dear Fabio:

For us, the whims of time
don't scatter the chalk particles
that words eat
or the pigeons in the sunny square
pecking among scraps.

On the store window's glass
we keep admiring the reflection
of some unusual little horses carved in ebony,
shining kisses, embraces, or trots,
and always undaunted.

Wouldn't it be better, *serenissimo maestro,*
for us, assiduous practitioners of invented vision
to stay like this, mute, frozen, defenseless?

But my dear Fabio,
I suggest you accept once and for all
that you are the others
that the pulse beats
and the flower keeps its rusted beauty.

Remember Fabio that it was you who suggested
we walk through Chinatown's sad streets,
that you were the one I had long conversations with
about what is the meaning of power in revolution?

No con cualquiera se puede dialogar querido amigo
las aguas hierven un lento amargor
el aquí y el allá se confunden desde el plano de la eternidad;
hay misterios y secretos que es mejor guardar.

¿Sería mejor proponer que ya no vale la pena enunciar,
que cada cuál, si le dá la gana, recuerde a su manera
        el mito de Ariadna,
que es mejor proteger al grillo de oro?
¿No dicen algunos que todo se ha dicho antes?

Ya la tarde se torna mar serena, Fabio,
la tarde se torna mar de mares
y las manos y los sentidos no sólo invitan
al encarnado baile de palabras;
las manos maceran pasta de almendras con leche y miel,
ciernen trigo recién segado, exprimen jugo de limón...

You can't just talk with anyone, my dear friend
waters boils a slow bitterness
here and there mingle in eternity's map;
it's better to keep certain secrets and mysteries.

Would it be better to suggest that it´s not worth the effort
to enunciate,
that everyone, if they feel like it, should
remember the Ariadne myth as they please,
that it´s better to protect the cricket of gold?
Don´t some say that it´s all been said before?

The afternoon changes to serene sea, Fabio,
the afternoon turns to sea of seas
and hands and feelings not only invite
the fleshy dance of words;
hands knead almond paste with milk and honey,
sift just ripe wheat, squeeze lemon juice...

Querida Lisi:

...Cuántos temas nos quedan aún por discernir,
quizá en aquel barcito junto río, de nombre *La vida es corta*.
¿Qué de Galileo, Bruno, Cusa, Vico, o Ficino en esta época
    de *nuevos* antiguos dogmas?
¿Rememorar cómo se enuncia *selva oscura, selva oscura,*
    o beber
vino de viña cerrada, aquel que inspirara a Dante y a Bernini,
a Góngora, a Garcilaso y a su silva?
Habría otras cuestiones que no podríamos soslayar:
la desova de las tortugas cuando calma el mar
en las costas de Oaxaca, hablar del Sur y del Plata
del listón marrón que curva el bosque
hacia el ocaso.
¿Recuerdas las conversaciones de mesa con Bertha y Mary JO?
Riendo a carcajadas, recordando a Swinburne, a Eliot,
    y a Yeats,
trascendiento el mar cautivo, en rielada luna el pensamiento.
Memorables tardes de sombrero, pronunciando versos
    de Miguel Hernández, o Luis Cernuda,
adentrando en la profundidad marina
o ascendiendo a los espacios siderales.
Se me han pedido 300 palabras, cuando sé que en una cabe
    el firmamento
y también quisiera ponderar estos misterios.

Dear Lisi:

...How many themes are left to play out
maybe in that little bar next to the river, called *Life is Short.*
What about Galileo, Bruno, Cusa, Vico or Ficino in this time
    of *new* old dogmas?
Rememorize how to say *selva oscura, selva oscura,* or drink
wine in a closed vineyard, one that would inspire Dante
    and Bernini,
Góngora, Garcilaso and his silva?
There would be other questions that we couldn't dodge:
Turtles laying eggs when the sea rests
on the coasts of Oaxaca, talking about the South and the Plata
about the purple ribbon that runs along the woods
at sundown.
Remember the conversations at the table with Bertha
    and Mary JO?
Laughing hysterically, remembering Swinburne, Eliot,
    and Yeats,
the captive sea transcendent, the gated moon, the thought.
Memorable afternoons with hats, repeating
    Miguel Hernández's or Luis Cernuda's verses,
plunging into the sea depths or climbing to starry spaces
They have asked me for 300 words, when I know that one
    contains the firmament
and I'd like to consider these mysteries too.

...Nos queda tanto áun por discurrir
"el círculo luminoso, la lámpara con enaüillas",
¿no te parece lindo el verso?
¿Recuerdas al pampero silbando en hilos de Lugones?
¿las rachas convulsivas de Verlaine?
¿Qué te parece si una de estas tardes nos vamos a explorar Pilsen,
o el barrio chino, o simplemente a tomar un capuccino?...

...We have so much left to cover
"el círculo luminoso, la lámpara con enaüillas",
Isn't it a pretty line?
Remember the pampero whistling Lugones' themes?
Verlaine's convulsive gusts?
What do you say if one of these days we go down to Pilsen,
or Chinatown, or just have a cappuccino?...

Mariposa deshabitada

I

Una mariposa muerta viva
sobre la hoja atañe
el pulso de mi uña casi yerta

El juego del untar desprende en abandono
cuando la noche de mariposas
aletea dorada

Las vacías copas de cristal aguardan
al vino fértil y azulado
como el azulado de la sangre intoxicada
que se ha de verter en ellas

Los faisanes disecados
desde los espejos biselados
vigilan a las damas empolvadas

Las nubes, el cielo azul zafiro saben a cielo
y el vino adolece un saborcillo amargo
a pan quemado y a cereza rebozada

Uninhabited Butterfly

I

A half dead butterfly
on the leaf interests
the pulse of my almost stiffened nail

In abandonment the anointing game gives way
when the gilded night of butterflies
flutters

The empty wine glasses await
the fruitful and bluish wine
like drunk bluish blood
that will be spilled in them

The stuffed pheasants
watch over the dust covered checkers
in beveled mirrors

The clouds, the sapphire blue sky taste like heaven
and the wine suffers a slightly sick bitterness
of burned bread and stained cherry

II

¿Qué lugar es éste?
una catedral oscura inundada de luz
conversación eterna con las palabras
buscando comprehender algo,
que es como querer acarrear el mar en una oreja
o intentar esculpir
un muro de piedra con un alfiler

No sé si es el cielo flameando tungsteno
o es el grito de un infante,
el misterioso vínculo que une la madre a su bebé

No sé si lo que se cierne es un regazo
o un marco de madera pegosteado
con su foto desteñida, una espera tenebrosa

No sé si es el orden de las palabras; filosofía moral,
o la moral de la filosofía,
o la construcción del tiempo como entidad existencial;

no lo sé porque los mantos verdes se hallan floridos
y los girasoles encendidos de amarillo
y las guirnaldas de eucalipto agradecidas

y el sol es un chubasco alegre
y todo gira y me concierne
y me pregunto de qué materia estoy preñada

II

What is this place?
a dark cathedral flooded with light
endless conversation with words
seeking to comprehend something,
that's like wanting to corral the sea in an ear
or trying to engrave
a stone wall with a pin

I don't know if it's the flaming tungsten sky
or if it's an infant's cry,
the mysterious tie that binds mother and child

I don't know if what approaches is a refuge
or a wooden frame stuck
with a faded photo, a gloomy waiting place.

I don't know if it's the word order; moral philosophy,
or philosophy's moral
or the construction of time as an existential entity;

I don't know because the green mantles
and the yellow lit sunflowers
and the grateful eucalyptic garlands are flowering

and the sun is a joyful downpour
and everything turns and concerns me
and I wonder what metal I'm made of

¿Y si el tiempo fuera nada más
que una sombra de la imaginación?
la variación hacia la oscuridad es siempre bienvenida
ahí brota la luz oscura
la mejor luz

III

Te pregunto entonces mariposa
¿qué haces aquí con tus alas rotas?
¿cómo es que aún vistes indumentaria anaranjada
y negro velo moteado de puntos blancos?

¿Qué haces aquí mariposa,
enmedio de esta página, con tu pedazo de ala rota
y una de tus antenas ya desmembrada?

Mariposa, mariposa
llévame contigo hacia los cielos,
libérame a la suerte de las estrellas.

And if time were nothing more
than imagination's shadow?
the mutability on the way to darkness is always welcome
that's where dark light sprouts
the best light

III

I wonder then butterfly
what are you doing here with broken wings?
how can you still wear orange
a black veil mottled with white spots?

What are you doing here butterfly,
in the middle of this page, with your bit of broken wing
and one torn antenna?

Butterfly, butterfly
carry me with you to the heavens,
free me to the random reason of the stars.

Ojiva filiforme, estrellas de agua

Si sólo hubiera espacio suficiente para una borla de silencio en este rincón poblado por periódicos desperdigados, pasos apresurados, y elocuciones inecesarias. Una borla de silencio para permitirle al alma una breve inhalación de aliento divino. Si sólo se le permitiera a ese don, un pequeño intervalo que alegrara la capa más íntima de las venas, *¡ah!* dirían los nervios y los capilares, *¡ya sella la tarde su mirada alumbrada con estrellas de agua!* Y se derramaría desde los canales incandescentes de las estrellas, lluvia líquida y tierna, lluvia entrañable, lluvia cosquilleante como diminutos alfileres sonrientes. Hoy son las tres de la tarde de uno de tantos veintinueves de septiembre, bajo los arcos góticos de piedra, cuando de nuevo anuncia un zumbido el descenso y el ascenso de los elevadores, el girar de las puertas; cuando de nuevo irrumpe esa ráfaga de viento inspirado, y abre la inmutable ojiva de piedra filiforme al verde de los prados.

Filiform Ogive, Water Stars

If there were just enough space for a silent tassle in this
corner filled with scattered newspapers, hurried steps, and
unnecessary elocutions. A silent tassle that lets the soul
breathe divine breath briefly. If only this gift were granted,
a short interval that would please the most intimate layers
of my veins, *ah!*, go the nerves and capillaries, *the afternoon
seals its intoxicated look with water stars!* And fluid and tender
rain, dear rain, tickling rain like tiny smiling pins would spill
from the starlit canals. Today it's three in the afternoon on one
of many September 29ths, beneath the gothic stone arches,
when once more the up and down of the elevators sings out
the opening and closing of doors; when once more that gust
of inspired wind bursts in, and opens the immutable, filiform
stone ogive to the green fields.

Brazo de fuego

A los que comprenden, y a los desentendidos

Perdió su brazo de sal,
un brazo con mano, mancuerna y sus cinco uñas,
cinco dedos con los que de niño señalaba las estrellas
un brazo, chimenea de corazones

se desmembró dejando un hueco
envuelto en humo y sofocadas briznas de ceniza.

Desde un vacío sangriento
embarrancado en *columna y ahora,*
y en pobre representación de *la causa.*

Arm of Fire

To those who understand, and to the oblivious

He lost his salt arm,
an arm with hand, cuff link and his five fingernails,
five fingers he used as a child to point out the stars
an arm, heart hearth

it was torn off leaving a hole
enveloped in smoke and smothered bits of ash.

From a bloody void
bogging down in *column and now,*
and a poor showing on behalf of *the cause.*

Panal púrpura

El panal púrpura de la columbina
lanza alaridos de gloria y duelo.

el troglodito plácidamente
acarrea otra ramita en su piquito.

¿De quién es esta tierra,
sino de las pacíficas e ingeniosas creaturas
que yacen en su regazo?

El excremento de los ratones
se acumula sobre la cremosa superficie
del óleo
la cremosa superficie del óleo
blanco titanium

Purple Honeycomb

The columbine's purple honeycomb
hurls shrieks of glory and pain.

the troglodyte calmly
carries another twig in his little beak.

Who owns this earth,
but the peaceful and clever creatures
that lie in its lap?

Mice pile excrement
on the oil painting's
creamy surface
the creamy surface of oil
white titanium

Girasol artificial

Y yo enredada en el girasol artificial,
en el sol estío de su pelo color canela...

En la distancia los niños corretean
ofreciendo un raro contrapunto a los aeroplanos
que aterrizan no muy lejos.

Sin embargo, aún las fuentes se desbordan,
las hojas de los árboles balancean un
susurro satinado bajo el viento.

¿Se me permitiría ahondar un suspiro más,
abrazar una ráfaga más?

El artificial girasol marchito
me investiga...

¡Ah, cómo extraño
el lenguaje de los artistas y pintores locos,
una copa de *beaujolais,*
un sombrero negro y un espejo en disfraz,
un cubo de hielo!

Artificial Sunflower

And I'm wound in the artificial sunflower,
and the summer sun of your cinnamon hair...

Children scamper in the distance
providing a rare counterpoint to airplanes
that touch down not far from here.

Nevertheless, the springs still overflow,
the tree leaves sway
a satin rustling under the wind.

Am I allowed one more deep sigh,
to hold one more gust?

The withered artificial sunflower
probes me...

How I miss
the language of insane artists and painters
a glass of *beaujolais*,
a black hat and a mirror in disguise,
an ice cube!

El lóbulo de la oreja

A través del chal enrevesado
sobre la tez de su cuello
sólo el negro
la perspiración de puntos brillantes.
Sólo las cejas orientales
por entre la memoria de los viajes
y el téndido de los cables eléctricos
por entre los callejones vericuetos
las ropas arrumbadas
ante los delicados pies de la joven
enigmática
la joven de piel morena, adolorida,
resabia
sólo por entre las imágenes reflejadas
el índice de los espejos
cuando parece que el tiempo se resquebraja
cuando la margarita se critaliza congelada
cuando los destellos de las aristas opacan el brillo
de las estrellas
cuando la oscuridad brilla puntos blancos
y la sonoridad de la risa se torna estentórea.

Earlobe

Through the intricate shawl
on the nape of her neck
just black
brilliant points of perspiration.
Just oriental eyebrows
between travel memories
and the laying of electric cables
between rough alleys
discarded clothes
under the delicate feet
of the enigmatic girl
the brown-skinned, heart-sick, corrupt
girl
just between reflected images
the mirror's index
when time seems to split
when the frozen daisy crystallizes
when the sparks from the edges overshadow the shining
stars
when the darkness shines white points
and the laugh's sonority becomes thunderous.

Visión, setas de escobetilla

Asemejaba una puesta de sol
más en el centro, al cual flanqueban
regias y esponjadas nubes blancas,
resplandecía una luz de tono lavanda

Parecía puesta de sol, sólo lo parecía,
porque hacia un lado se veían
¡maravilla!
¡el sol y la luna juntos!

Vision, Mushrooms from Escobetilla

It looked like a sunset
more in the middle, flanked by
regal and spongy white clouds,
a light glowed shades of lavender

It seemed like a sunset, only seemed like it,
because on one side appeared
a wonder!
sun and moon together!

Tres de la mañana

Puntitos estrellas,
florecillas blancas
sobre el negro lienzo de seda.

De tez morena,
sonrisa sin dientes,
ojos fértiles,
y cuerpecillo recio,
el niño se pasea
confiado entre los transeúntes.

De repente un gato enfurecido
escala el muro de ladrillo
resquebraja las rojizas tejas
disputa la intensa luz
de los puntitos estrellas.

Cesan de tocar los músicos
gimen varios perros
afilan las florecillas el hielo de la noche
tenía ocho años el difuntito.

Fue un presentimiento.

Cuernavaca, México

Three in the Morning

Star speckles
white blossoms
on black silk sheets.

Brown complexion,
toothless smile,
fruitful eyes,
and small, wiry body,
the confident boy moves
through the passersby.

Suddenly a furious cat
climbs the brick wall
cracks the terracotta tiles
the intense light vies
with star speckles.

The musicians stop playing
some dogs howl
the blossoms sharpen the night ice
the deceased was eight years old.

It was a premonition.

Cuernavaca, Mexico

Tres mujeres

Tres mujeres sobreviven.
Una se esconde en una habitación de la vivienda,
limando filos en el lavatorio que es la noche para ella.
Otra desinfecta las confecciones que su hermana mayor
    contamina.
La tercera más tierna e incierta, dá sus primeros pasos
    erguida y serena,
rodeada de palmeras, limoneros, granados, bugambilias,
    aves del paraíso...

Three Women

Three women survive.
One hides in a bedroom of a house,
sharpening blades in the bathroom, her night.
Another disinfects the cloth her older sister contaminates.
The third, more tender and insecure, proud and serene,
    takes her first steps,
surrounded by palm trees, lemon trees, pomegranate trees,
    bougainvilleas, birds of paradise...

Dos hermanos ancianos

Dos hermanos ancianos,
uno de ojos hundidos
y otro de dedos desfigurados
se encaminan hacia los puestos del mercado

van en busca de *elote recio y madurito*
para hornear un *buen pan*

Cuernavaca, México

Two Elderly Brothers

Two elderly brothers,
one with sunken eyes
and the other with cramped fingers
walk to the market stalls

they're looking for *tough little ears of ripe corn*
to bake *good bread*

Cuernavaca, Mexico

Busco flores, muchas flores

No busco entender la diferencia entre
problemas y acertijos filosóficos,
no, busco flores muchas flores
tantas que cuando mire a través de ellas sea
como mirar a través de un encaje,
a través de nubecillas blancas.

Busco frutas y legumbres
la nueva silueta, el recién nacido filo de la luna
busco manos toscas y morenas
las manos de un recio campesino.

Busco, cómo decirlo,
la semilla en el surco,
busco la palabra

la busco como si fuera ese olor a alcanfor,
a almohada, a hábito de monja almidonado,
a hostia y a incienso, a cáliz. Como si fuera
silencio de capilla o sinagoga, breviario en las
manos del padre Arellano, o en la mirada de un
guapo rabino ensimismado, o en el arrobado girar
del místico sufí. La busco como aire derramándose
a raudales cuando Tlalpan era campo.
Busco la palabra olor a pasto,
aroma de leche recién ordeñada.

I Look for Flowers, Lots of Flowers

I don't look to understand the difference between
philosophical riddles and problems,
no, I look for flowers lots of flowers
so many that when I look through them
it's like looking through lace,
through little white clouds.

I look for fruits and vegetables
the new silhouette, the newly waxing moon
I look for rough dark-skinned hands
strong farmer's hands.

I look for, how should I say it,
the seed in the furrow,
I look for the word

I look for it like it was scent of camphor,
pillow, starched nun's habit,
host and incense, chalice. Like it was
the silence of a chapel or synagogue, breviary
in Father Arellano's hands, or in the glance
of a handsome rabbi wrapped up in himself,
or in the enchanted spinning of the Sufi mystic.
I look for it like so much air
spilling over when Tlalpan was countryside.
I look for the word scent of grass,
aroma of milk in the pail.

Brújula del sueño en la vigilia

Veo señas del desamparado
y me pregunto ¿qué hago con esta voz,
callarme? ¿recortar las eses de mi acento
tensar los abdominales de mi vientre?

No, no he de conversar hoy con el señor ministro
de Inglaterra, ni de Grecia, ni de ningún país en las Américas.

Escucharé el eco de la hambruna virtiendo de las bocas
de los ebrios en mi calle. Pondré considerable esmero
en atender al balbuceo de los enfermos mentales
ensancharé mi oído a los lamentos de los niños huérfanos,

América de los ilusos igual que de los esperanzados.

Hablar no me atrae, escuchar sí,
a la silenciosa retórica de los miserables,
hilo inspirado e ignorado.

Dream Compass on Vigil

I see signs of the forsaken
and I wonder what to do with this voice,
be quiet? shorten the esses in my accent
tense up the muscles in my belly?

No, I won't speak today with the minister
of England, nor Greece, nor any country in the Americas.

I'll listen to the echo of famine spilling from the mouths
of the drunks on my street. I'll take great care
when listening to the mumbling of the mentally ill
I'll open my ears to the cries of orphan children,

America of the deceived as much as of the hopeful.

Speaking doesn't interest me, listening does,
to the silent rhetoric of the wretched,
inspired and unknown theme.

Con los labios fruncidos

¿Qué veo desde mi ventana?
las amplias copas de los maples,
anónimos transeúntes que andan por mi calle:
inmigrantes rusos, vietnamitas, o latinoamericanos,
algunos desamparados, algunos perturbados.

Un hombre alto de piel curtida, barba gris y ojos muy azules,
que debió ser muy bien parecido,
seguido se abraza a los troncos de los árboles.

¿Qué llevará en ese bolso que se cuelga al hombro?
¿Qué secretos le confiará a la corteza?

With Pursed Lips

What do I see from my window?
the full maple tops,
nameless passersby walking on my street:
Russian, Vietnamese and Latin American immigrants,
a few defenseless, a few disturbed.

A tall man with tan skin, a gray beard and very blue eyes,
who must have been quite good looking,
often hugs the tree trunks.

What is he carrying in that bag hanging from his shoulder?
What secrets does he whisper to the bark?

Vera

Persignándose, soslayada su mirada, la vieja recogía algún
detritus de la calle, contribuyendo así a la pulcritud de ésta.
La vieja se desplazaba lentamente envuelta en su deteriorado
abrigo de lana púrpura, arrastrando el dobladillo deshilado
desde hacía ya varios lustros. Se lo había regalado la mujer de
un industrial, una tarde que al salir de un banquete rumbo
al siquiatra se había deshecho de la prenda. Hacía algún
tiempo, esta *clocharde* eterna, había visto cómo su sombra se
desdoblaba al prorrumpir el alba. Ahora, con gran dificultad,
se arreglaba el caído dobladillo, luego de orinar junto a un
árbol. De algún modo, las gotas del amarillento líquido le
mojaban los dedos de las manos, la desnuda entrepierna y los
talones sin que le molestara, pues ¿no era aquella orina tan
salada como la sal de las lágrimas, como la sal del mar? El gran
sosiego de Vera ocurría cuando se delineaba los abatidos ojos
con su lapicillo negro todas las mañanas, y se pintarrajeaba
los labios partidos luego de enjuagarse su boca desdentada.
Mirando su reflejo en el trozo de un vidrio roto que contaba
entre sus limitadas pertenencias, hacía muecas y se acicalaba
hasta quedar satisfecha. Acarreaba apenas unos cuantos
utensilios y prendas de ropa maloliente en un carrito de
supermercado que se encontrara en un callejoncito del barrio.
En el hato de una camiseta guardaba una carcomida fotografía
de sus dos hijos; una atractiva mujer de mirada retraída y un
joven con sonrisa de Apolo. De vez en vez, cuando deseaba

Vera

Genuflecting, looking askance, the old woman picks up
some remains on the street, adding to its tidiness. The old
woman slowly shifts wrapped in her worn purple wool jacket,
dragging her unraveling hem for decades. A manufacturer's
wife had given it to her one afternoon after leaving a banquet
on her way to the psychiatrist. Some time ago, this eternal
clocharde, had seen how her shadow unfolded as the dawn
burst out. Now, with great difficulty, she fixed the fallen
hem, after urinating next to a tree. Somehow, the yellowish
liquid drops wet her fingers, the naked skin between her
legs, and her heels without bothering her. Well, wasn't that
urine as salty as the salt in tears, as sea salt? Vera's great calm
happened when every morning she lined her droopy eyes with
her black eyeliner, and daubed her cracked lips after rinsing
her toothless mouth. Watching her reflection in the piece of
broken glass that she counted among her limited belongings,
she made faces and dressed up until she was pleased. She
carried just a few utensils and foul clothing items in a
supermarket shopping cart she found in a neighborhood
alley. In a shirt bundle she kept a decaying photograph of
her two children; an attractive woman with a retiring look,
and a young man with an Apollonian smile. From time to
time, when she wanted to get rid of these ants that invaded
everything, she found the photograph. Bringing it to her
chest, she wiped away a tear and let out a deep sigh. For now,

deshacerse de esas hormigas que lo invadían todo, encontraba la fotografía. Llevándosela al pecho, enjugaba una lágrima y exhalaba un profundo suspiro. Por el momento, le preocupaba encontrar cualquier utensilio que le sirviera de abrelatas. Desayunaría sopa de champignones con trufas, y escucharía en su destartalado radio un programa dedicado a las fugas Bach.

she worried about finding some tool for opening cans. She would breakfast on mushroom soup with truffles, and she'd listen on her tumbledown radio to a program dedicated to Bach's fugues.

Invocaciones

Miras un tablero de ajedrez transparente,
admiras las zapatillas de terciopelo rojo
de una pequeña mujer que se pierde en la distancia
y piensas en remontar el vuelo hacia las cumbres.

Piensas en esa nave de locos
que proponen los poetas
a modo de zarpar hacia un mar utópico,
y como si fuera un día cualquiera,
tarareando un bolero o cantando una milonga
de repente exclamas: *¡Que llueva! ¡Que llueva!*
y milagrosamente comienza a caer una fina lluvia
que se derrama por los techos de las azoteas, las acequias,
los prados, las banquetas,
y lo permea todo porque la noche misma es lluvia,
y lluvia son pañuelos, paraguas, baldosas, tulipanes,
el amanecer mojado del alba,
y líquidos son los pétalos del narciso
translúcidos los tallos de los jazmines
lluvia de lluvia el agua

Invocations

You look at a transparent chess board,
admire the little red velvet slippers
of a small woman lost in the distance
and you think about flying up toward the peaks.

You think about that ship of fools
poets propose
as a way to set sail for utopic seas,
and just like it was any other day,
dancing a bolero a or singing a milonga
all of a sudden you yell: *Let it rain! Let it rain!*
and miraculously a light rain starts to fall
and spills over all the flat roofs, acacias,
pastures, sidewalks,
and it permeates everything because the night itself is rain,
and the handkerchiefs, umbrellas, tiles, tulips are rain,
the wet daybreak of dawn,
and daffodil petals are liquid
jasmine stems are translucent
water is rain on rain

Swan Isle Press is a not-for-profit literary
press dedicated to publishing the works
of exceptional writers of poetry, fiction,
and nonfiction.

La Isla del Cisne Ediciones is the imprint
of the Press for original works in Spanish
published in bilingual editions.

Swan Isle Press, Chicago, 60640-8790
La Isla del Cisne Ediciones

www.swanislepress.com

Sombra en plata
Shadow in Silver
Designed by Edward Hughes
Typeset in Bauer Bodoni and FF Scala
Printed on 55# Glatfelter Natural